17'00

Entre dos mundos
Julián Borao

Colección Baños del Carmen

Julián Borao

Entre dos mundos

EDICIONES VITRUVIO
Colección Baños del Carmen,
nº 1062

www.edicionesvitruvio.com

Primera edición, 2023

© Ediciones Vitruvio
C/ Menorca, nº 44
28009
Madrid
Tlf: 91 573 21 86

ediciones vitruvio, nº 1. 777
ISBN: 979-13-990962-7-9
Depósito legal: M-20172-2025

Entre dos mundos

Preámbulo

EXTRAÑO EN EL PARAÍSO

No recuerdo el comienzo
ni todos los momentos
en los que la fortuna
de mis primeros pasos
pudo oír las canciones
y recorrer los días,
los que fueron regalo de aquel tiempo
sometido al olvido
que quedó hipotecado
tras las insinuaciones y las pistas.
Sí, esa extraña creencia
de regresar a un mundo
que había conocido
y esa otra, tan absurda,
de mi protagonismo entre la gente.

Luego llegó la edad, con prioridades:
juventud, fantasía
y amor a multitud, habitando
un lugar con las promesas, cambios
y proyectos a punto de cocción.
Todo era familiar y, a la vez,
siempre ajeno a lo real.
Mas mi sino no estaba destinado
a lo extraño,
en el que todo existe sin respuestas
y en el que todo pasa para siempre.

¿Dónde estáis, sensaciones,
que me hicisteis temblar
como el búfalo atento
a la manada inquieta en la pradera?

Cuando, a veces, regresan
ciertas cosas calladas
que duermen como fondo
de un familiar paisaje que me llama
a ser parte de su historia,
de súbito, estremecen,
paraíso y tristeza se confunden
y, al recordar, pregunto,
¿cómo pude vivir sin entenderlo?,
¿cómo pude salir del laberinto
sin tener que escribir un epitafio?

I. Nada es real

COMIENZO

Nació en la lejanía de la muerte,
nació en la eternidad y fue su tiempo
sin principio ni fin.
Nació cuando el vacío,
sin recordar el todo ni la nada
ni la ausencia anterior a ser el algo.
No se sabía ser, sino especial
en medio de peones repetidos,
vulgares, obedientes.
No se sentía en grupo
más que de una manera singular.

Nació sin recordarlo, ajeno
a su comienzo del que sólo sabía
porque estaba, del que sólo sabía
porque en toda existencia
hay un principio; porque otros
recordaban lo que él había olvidado,
aunque siempre creyó en su atemporalidad.
La vida lo encontró en lo indefinido
y aprendió desde entonces
a ser lo diferente de ser uno,
con una aceptación de su secuencia
en medio de las pausas.

Y el diálogo en sí mismo
le ayudó a comprender
que era el protagonista
de una versión parcial y disidente
de ser alguien
entre tanta humanidad.

NADA ES REAL

Nothing is real
The Beatles

Nada es totalmente real.
Ni tu mirada presa en la pared
que, blanca en su concepto,
piensas que te regala su silencio,
ni la mirada atenta a los cristales
que, lejos de mostrar sus lejanías,
te demuestra que existe en el encuadre;
ni la mirada mía que,
creyendo observar lo que acontece,
piensa que alguna vez recordará
lo mismo que recuerdan otros ojos.

Nada es cierto en sí mismo
sino en la subjetiva acción
de cada gesto, en la sutilidad
de las palabras que se quedan expuestas
a la interpretación de los demás.
Nada es lo que uno cree,
tan sólo se percibe
de forma personal.

Una noche de luces en París,
una mañana caminando en Praga,
una sombra en Atenas bajo el sol,
una tarde en Lisboa en primavera,
un dormir bajo estrellas del desierto,
despertar a tu lado cuando amanece el mar,
una vida tratando de encontrar
el lugar imposible
que complete la trama
y diluya las sombras
del instante real que hacemos nuestro.

16

Sordos espectadores de lo incierto,
narradores de un tiempo equivocado,
ignorantes testigos de lo que aún existe,
confundidos actores
de una obra y director desconocidos
en una dimensión inexplicable.
Quizás nada es real,
al fin y al cabo.

LA LUZ

Soon, oh soon, the ligth
Yes

Tal vez llegue la luz,
esa luz de la que hablan los poetas
o esa otra, espiritual y noble,
paréntesis de buenas intenciones,
o la luz de tormentas iracundas
que suspenden los sueños
de una noche que no alcanza a dormir.
Existe entre lo oscuro,
por razones y leyes de la física,
brillando desde siempre y para siempre
con una brillantez inexplicable.
Y es primordial origen de la llama,
del fuego natural, devastador de frágiles materias
y, así mismo, guardián de lo nocturno,
abrigo de intemperies y temblores.
En el lugar común de ciertas luces,
surgen insinuaciones imprudentes,
historias y leyendas,
caricias de palabras
que se nutren del aire,
conectando el amor con algo ingenuo.

La mañana se nutre de una luz cotidiana,
el cielo es espejismo
de una atmósfera quieta e invisible
que perdura en las sombras que provoca.
Pero busco otro nombre
para esa sensación de permanencia
que se niega al silencio
de lo que ya no existe

o esa otra que se enfrenta
a los temores de la nada.

Puede que llegue, tal vez
tenga sentido
la sensación de ser,
o quizás la quietud, la soledad, la ausencia…
Me acomodo en la paz
que siento a veces
mientras viva una luz que no se extinga.

FIN DE AÑO

Hoy camino despacio,
me reconoce el mundo,
se hace huésped del ritmo de mis pies;
mas los lugares no pasan de largo
y se acuerdan de mí cuando los miro.
Otra vez, el camino,
la lentitud que atrapa al convocarla,
como en esta mañana
de frío y tibio sol de fin de año.

Ese viejo portal, ingenuo adolescente
de un instante de amor que permanece,
ese parque infantil de niños nuevos
que un día fue la tierra asilvestrada
gritando entre los juegos de otros niños,
esas gentes ausentes
que habitan el silencio
de su protagonismo pasajero.
Todo vuelve a vivir entre la calma.

Alardea el ahora
sin tino y sin acierto en su arrogancia,
quedándose obsoleta
la memoria del aire de otros días
que se filtró en las ramas,
ahora extintas,
de un tiempo diferente.

Un año más termina,
como un libro cerrado
que acoge cada página,
dejándonos escrita
la historia de un olvido

que nunca habrá sabido
los íntimos momentos
que nadie contará.

Tan sólo los lugares
nos echarán de menos
cuando, desde su mundo,
recuerden que estuvimos
caminando a su lado alguna vez.

PEQUEÑO GRAN AMOR

Esos breves momentos
en los que te vestías
mirando hacia otra parte.

Esos besos de entonces,
esa ventana abierta en primavera,
esos,
aquellos días
que sólo tú viviste
cuando el mundo eras tú y cuando le hablabas
contando confidencias
detrás de una sonrisa,
sentada en el balcón del desayuno,
abierta a la emoción
del aire nuevo
que espiaban tus ojos soñadores.

Y la suave manera
de contemplar las cosas
desde la lentitud de la mañana,
como si nada fuera
ni falso ni real,
como si todo fuera
aquel instante,
como si te bastara
aquel pequeño amor
de amanecer
creyendo que, a su lado,
la vida despertaba para siempre.

LUZ DE LUNA EN VERMONT

Every note that's sung is like a lover's kiss
Ella Fitzgerald

Si en un lugar sin tiempo,
sentada en el jardín,
pudieras escuchar la melodía
que guardaban las tardes
de aquella larga brisa de verano
soplando entre los cables telegráficos
de una antigua autopista,
cantarías de nuevo
bajo la luz de luna, en cualquier parte.

No es fácil reinventarse a la intemperie,
aunque los veinticinco dólares
de aquel teatro Apollo
despertaran las horas
que habrían de llegar de otra manera.
Distinguir cada nota, replicarla
en compases de jazz, de swing,
de bebop, de blues, de bossa nova,
o incluso ese brillar como solista
con la actitud romántica de un beso.
Duke Ellington, Louis Amstrong,
Frank Sinatra, noches inolvidables
que Lady Ella pudo compartir.

Episodios perdidos, momentos y recuerdos
de los que se componen las canciones
que consiguen que el público las cante.
Como, incluso, sonaban
en los años de guerra y desaliento
con un fondo de amor desesperado.
Nada es como creemos

23

cuando el destino juega
a decirnos adiós a cada instante
y morimos un poco sin querer.

Ella elle l'a, cantó France Gall
casi al final.
Ella lo tuvo, sí, mientras soñaba
con la frágil nostalgia de los días
que nunca regresaron,
poco antes de que el tiempo
se durmiera a su lado
en primavera.

DISCRECIÓN DEL INSTANTE

La sorpresa en la noche,
que se encerró en tus ojos
que miraban con calma
los gestos que ocupaban
unas simples palabras,
se suspendió, sin prisas,
en el tránsito suave
de un espacio sin límites.

O quizás los matices
de las horas pasando
sin contarse.

Todo era en el misterio
de un instante,
en el ciego latido
que palpitaba cálido en tu pecho
sin que nadie supiera
que escuchabas.

Y pasó, como un cuento
que se cuenta a la almohada,
como un eco fugaz
de sensaciones vívidas
que carecen de nombre
al evocarlas hoy,
solo y distante,
dormido en los sentidos
de lo que pudo ser
el encontrarnos.

CALLAR

Decir con las palabras
como quien nada dice,
lavándose las manos
mirando hacia otro lado,
decir de otra manera,
como disimulando
(centrando la atención
en lo que importa
y hacerse el despistado
para que nadie sepa
que te importa).
Porque sólo tú sabes
que el secreto es callar,
porque es un vano esfuerzo
decir algo
cuando nadie te entiende,
cuando todos repiten
lo de todos.

Centrar tus pensamientos
en la mirada cómplice
que calla como tú,
sin decir nada.
Quedarte en el instante
que te hizo tan feliz
entre la gente
que te habla por hablar.

Y mirar de reojo,
recordando que dijo que te amaba
hace un momento,
con un leve susurro
que nadie pudo oír.

CASTAÑAS ASADAS

Fue ráfaga de viento,
se hizo tango y azul,
se hizo canción, recuerdo
de una tarde de otoño
que acaparó el espacio
de la súbita noche que llegaba.
Fue cielo entre los huecos de la altura,
fue prisa por quedarse entre los ojos
de la mirada atenta de aquel niño
que procuró esconder sus inquietudes.
Y fueron los olores,
el repentino frío
que anunciaba el invierno
y, a un lado de la acera, la antigua castañera
colmando de calor dedos y manos,
como estampa entrañable
de un eco repentino de la infancia.

Tal vez fue realidad,
tal vez sólo la imagen que soñé
de momentos que nunca terminaron
(no importa lo frecuente sino lo que perdura),
como la melodía que acabó encadenada
entre los días que habrían de pasar
como si nada.
Fue caminar el siempre
y volver a encontrarme en el entonces,
y romperme en el llanto de una niña
por la ausencia de un padre juguetón,
recordándome el tiempo
del amor que, indefenso,
me mantuvo a merced de su cuidado.

Tuve que repetirme la costumbre,
no pude ni evitarlo, de comprar las castañas
y recobrar su tacto entre mis dientes,
inesperado nexo evocador
de otro mundo viajando
con el viento y el frío del otoño
que llegó sin aviso
y me hizo regresar, por un instante,
a ese lugar tan mío que se aferra
al sabor de la nostalgia.

La realidad o el sueño
de la duda feliz de haber vivido.

SI LO HUBIERA SABIDO

Si lo hubiera sabido
y estuviera en mi mano decidir,
habría concertado algunos cambios
y modificaciones a toda esta imprevista
acotación de instantes
que se pierden en los condicionales.

No me habría fiado de las cuentas del aire
que se mueve en los días imperfectos
y no habría lanzado
la moneda que finge ser azar
cuando el viento traidor
la condiciona.
No me habría guiado
por las manos vacías
que envenenan las horas
ni me habría encantado
con la magia aparente
de otros gestos
que mienten mientras ríen.

Si lo hubiera sabido,
me habría despegado
de todas las plegarias
que aprendí y repetí sin convicción,
para gritar tu nombre
como única oración enamorada.

LA PEREZA

Más tarde, ya lo haré, tan a menudo;
me queda tiempo aún, no tengas prisa,
como una tonadilla intrascendente.
Unas cosas se hacían,
otras no, por desgana,
o quedaban a medias para siempre.
Dejar tantos quehaceres, tantas veces,
tal vez para un mañana
que nunca iba a llegar.

Pero un día, de pronto,
sin prisa, se ha hecho tarde.
Y sucede el lamento
de esos días enteros
sin poder hacer nada,
de esas horas perdidas
en la virtualidad de las pantallas;
de proyectos futuros
que no se realizaron,
de aquellas ocasiones
en las que la pereza
se hizo dueña, sin más, de tanto tiempo.

Y es cuando se ha hecho tarde,
finalmente,
cuando nadie devuelve
las horas malgastadas.

SER O NO SER

Me incumbe la conciencia del álgebra celeste
y en lugar de alejarme de ti los números me acercan.

Carlos Marzal

Todo eso de las cuerdas,
los agujeros negros y
las realidades cuánticas,
las anónimas formas del vacío,
las infinitas sumas del ser y la materia,
las enormes potencias de todo el multiverso,
las peceras de mundos que palpitan
en distancias de tiempo inabarcable,
los átomos, protones y neutrones,
las galaxias, estrellas y planetas,
satélites, cometas, asteroides,
el universo entero en el que habito
como si no existiera, como
si no importara en absoluto
la trillonésima parte de un segundo.

Traspaso un agujero de gusano,
me introduzco en un viaje sin retorno
como si fuera a ser sin importar.

En fin, ser o no ser
como si nada fuera,
aunque me importe y crea
que sucedo,
cuando toco tu cuerpo
y siento el mío.

PEQUEÑOS DESENCUENTROS

Yo no tengo interés por esconderte nada,
tú sabes que hay misterios
que nos faltan aún por descubrir.
El rastro de las cosas
que dejamos un día
creyendo que eran nimias,
los pasos descuidados
que no supieron ver dónde pisaban
y la ingenua actitud
de no saber prever la obsolescencia.

Mirémonos de frente
y hablemos cara a cara.
Hasta aquí hemos llegado
con todo lo que somos;
pero el rictus que asoma de tu rostro,
cuando explico
que no era mi intención
lo que concluyes, traduce
que aún no entiendes
la estrategia de obviar
lo que nos sobra.

Porque quiero que entiendas
la importancia de aquello que nos une,
para que no te importe lo banal
de lo que sólo son
pequeños desencuentros cotidianos
de algún insustancial malentendido.

TRISTEZA

Un día más, tristeza,
te apoderas de mí sin previo aviso.
Desoyendo consejos de expertos
y psicólogos, te haces siempre visible
cuando menos te espero,
acechando en las sombras
del último minuto
que escapó a mi control.
Inexplicablemente,
descartando argumentos
que te brinda la dicha,
derrumbas, por sorpresa,
la frágil estructura
de todos los cimientos que sustentan
mi habitual condición de ser humano.

No te frena la lógica aplastante
de la filosofía del amor,
no te frenan la luz ni la belleza;
simplemente, apareces
como una sinrazón sin esperanza.
Los motivos no importan,
no hay motivos,
simplemente, te muestras porque sí
(tal vez, la vida es triste,
y se disfraza siempre
para no delatar su pesimismo).

Sin poder evitarlo, disfrutaré, sin más,
de esta mañana, saliendo
a caminar con mi tristeza.
Más tarde, ya veré,
si es que el ruido del mundo la disipa.

POETA

Estás en el encuentro
y en la desconexión de participios,
en la palabra exacta y calculada
con premeditación y alevosía.
Estás en cada pálpito
que mira desde atrás y que se asienta
como si hubiera sido inesperado.

Y bebes de una luz,
la misma luz que niega
su tópico a la sombra,
se mece en los vaivenes
de una nueva mañana
que tu mirada observa
y la une al movimiento
de los árboles cómplices
que bailan más allá de las ventanas.

Sintiendo que eres tú
la persona que intuye ese equilibrio
y lo traduce en medio de un enigma,
la poesía surge repentina,
con hileras de letras
que destilan amor, camino y canto.

Y ojalá que pudiera
quedarme en un rincón de tu poema.

EL OLVIDO

Entre la nada y el olvido, nadie.
Francisco Brines

Hablamos del olvido,
repetimos su nombre,
pensando en un estado
que parece lejano y nunca nuestro.
Lo usamos como tópico
de frases y poemas
tratando de ahuyentarlo del recuerdo.
También ausencia, noche, atardecer,
luna, nostalgia, amor…,
los lugares comunes del poeta.

A veces, lo encontramos
en rutinas banales
a las que no les damos
la mayor importancia.
Otras veces, nos causa
algún que otro problema,
pero siempre dejamos
que el tiempo nos resarza
de la contrariedad de esos despistes.

Cuando es algo frecuente,
se convierte en demencia
y socava en silencio la lucidez vital.

Sin embargo, resulta inevitable,
nunca hay ser sin olvido,
habita el universo,
lo llena su vacío y su silencio,
todo será olvidado,

la memoria es lo breve,
instante presencial
que nos engaña,
pues todo será olvido,
todo será olvidado;
el polvo de la vida
cuyo rastro que extingue
no tiene otro destino,
será sólo un olvido
y nada más.

MI POEMA

Tengo escrita la vida en un poema.
Un poema que vuelve y se resiste
a ser sólo un poema, un poema
esparcido en mil poemas
que solamente a ratos logro continuar.
Tengo la vida puesta en un poema
que se va prolongando poco a poco
y no puedo leerlo
con calma ni paciencia
pues queda menos tiempo
para poder sentir su poesía,
esa íntima emoción
que me hace estremecerme
en cada estrofa nueva
que va reconstruyendo los instantes,
las ansias, los amores, las fechas,
los objetos que callan,
los lugares que cambian,
las personas que quise,
los momentos que se hacen subjetivos.

Tengo escrito el poema de mi vida
como si fuera ajena aun siendo mía,
como si fuera extraña aun siendo propia.
Un poema que dejo después de haberlo escrito,
pero dice quién soy cuando lo leo.
Un poema que sabe, soy su autor,
pero que me confiesa
que puedo ser, tal vez, otro y yo mismo,
muchos yos,
muchas caras mirándose al espejo
de los mundos que existen
mientras han existido en el poema.

Tengo la vida puesta en un poema,
tratando de ordenarlo
para que no se pierda,
para que no se ahogue.
Y guardo mi poema en todas partes,
en cajas, en carpetas, en cuadernos
de antaño, en los archivos,
y en todos los rincones de mi casa,
de mi frágil cerebro olvidadizo
que no puede encontrar
todas esas palabras extraviadas
que nunca pronuncié.
Y guardo mi poema sin proyecto final,
sin objetivo previo, sin guion,
alimentando siempre lo imprevisto,
recomponiendo siempre el sentimiento
que me hizo comenzar a redactarlo
cuando aún no sabía
cómo iba a continuar.

Hoy
he vuelto al poema,
como otras tantas veces
y, al fin, he comprendido
por qué regreso siempre a su cobijo.
Quizás, puede que sea
porque me hace mirar de otra manera,
porque sé que me entiende
y prefiero estar dentro,
quiero ser el poema y nada más,
para que me haga suyo
y pueda convencerlo
de que nunca se olvide
que ha crecido conmigo,
mientras iba poniendo
la vida entre sus líneas.

II.
Entre dos mundos

… mundos que vive el pensamiento sin pensarlos.
Eduardo Apodaca

LOS OJOS DE VIRIATO

Miraba a todas partes, sus ojos
preguntaban sin entender
si habían despertado.
La oscuridad sutil se refugiaba
en velas apagadas,
en antorchas
dormidas
de noche
en el paisaje,
en puñales traidores
empuñados por manos conocidas,
dando pasos a ciegas,
tropezando en las pieles,
traspasando las telas,
eludiendo los mapas y la mesa
del juego de la guerra
que nunca ganarían.

Se preguntó por qué,
mas no había respuestas
en los ojos verdugos,
sino contradictorias conclusiones.
Y se dejó llevar hacia otros ojos.
Lo miraban sus padres, sus hermanos,
él mismo los veía buscando su niñez,
lo miraban la tierra y los paisajes
con una familiar complicidad sin tregua,
lo miraban la espada y los caballos
que le hicieron luchar con la esperanza
de aquella libertad que se truncó.

No pudo resistirse a su final,
tempus fugit,

lo supo en ese instante.
Los últimos segundos debieron ser terribles.
Aunque nunca se sabe,
cada cuerpo sostiene
un universo entero que refleja
otros ojos de amor y de amistad,
el dulce premio
de los días felices,
los sueños placenteros
que alivian el adiós definitivo.

LAS CASAS QUE NO EXISTEN

Esas casas en medio del paisaje,
en realidad, no existen,
se han ido poco a poco
en la dimensión de un tiempo
que nunca he conocido.
Insólitas junto a las veredas,
dibujan sus siluetas
al fondo de los campos,
al borde del camino
que lleva de uno a otro lugar
a los viajeros,
pero desaparecen cuando observo
como un espectador desconocido.

Creo verlas aquí y allá,
diseminadas
en medio de los valles,
erguidas delante de las colinas,
sobreviviendo entre los árboles
que las esconden de los depredadores
acechando desde la tierra y el cielo.

Tan lejanas,
parece que están ahí, las casas,
con sus habitantes extinguidos,
con sus muros y puertas
que se muestran
en las fotografías de antaño,
y mis ojos las sueñan,
reconocen y evocan,
como una portentosa
percepción de lo efímero,
e imaginan aquello que detallo en certezas,

aunque tan sólo sean una visión parcial,
una ilusión
del espacio acabado
que inventa mi mirada
para dar vida a toda la quietud
o a toda esta inquietud
que las rodea.

PÈRE LACHAISE

Il me dit des mots d'amour,
des mots de tous les jours
et ça me fait quelque chose…
Edith Piaf

Descubro ante una tumba
las palabras de amor,
bajo el matiz cambiante
de una mañana gris
que busca su color
entre las piedras.
Pronuncio cada nombre,
conocido o anónimo,
en medio del silencio
que guarda la memoria de sus restos.
Siento cómo estremece
la emoción
del viajero que busca
la presencia del ser
en el recuerdo oculto de su caducidad.

Paso a paso, sin prisa,
descubriendo el vestigio
de lo que fue la vida
que siempre tuvo escrita
la fecha inevitable,
leo algunas esquelas
escritas en sepulcros
que buscan dar sentido a cada muerte,
como un espectador
desde la senda
que camina vagando
entre dos mundos.

TODO FUE BIEN

It's the wrong time, and the wrong place
Cole Porter

Todo cambió de pronto y para siempre
poco antes del inicio de la guerra.
Se sumió en un dolor inevitable
que intentó asimilar con melodías
que hubo de componer desde otro estado
más profundo, más frágil, más amargo,
y volver a empezar como si nada.

En el fondo, impostaba de otra forma,
más allá de su habitual manera de impostar.
Linda Lee lo sabía, como cómplice esposa
de un acuerdo vital que se mantuvo.
Desde su posición privilegiada,
amaban la bohemia de entreguerras
en una simulada convención de alegrías.

Detrás de las canciones, mantendría los ecos
del instante simbólico y feliz, porque
"cuando el amor te saca a pasear,
oh, la, la, la…, *c'est magnifique…*"
fue una especie de guiño
para desvincular los compromisos
de la verdad sentimental y oculta.

De Broadway a París, Cole Porter
vio el océano vacío, largas horas
de sueños y de amor disfrazado,
maletas, aeropuertos, fronteras
alcanzadas noche y día, el esfuerzo

del viaje de ida y vuelta
que consiguió vender
como si hubiera sido
un largo musical alternativo.

¿Un tiempo y un lugar equivocados?
"Vive y deja vivir", como estribillo
quizás no era mentira,
-una particular manera de entenderse-
porque, tal como dijo,
siempre intentó mostrar la perspectiva
de que todo fue bien
consigo mismo.

VANGUARDIAS

Quién escuchó
en las noches de bohemia
los cantos de sirena
de tantos compañeros
de una época dichosa y alocada
que nunca iba a volver a reunirlos.
Quién de vosotros supo
que las fiestas no eran más que un disfraz,
el alegre preludio
de aquella destrucción de medio siglo.

Melodías, poemas, vanguardismo,
decorados de un mundo creativo,
condenado a vivir entre sus guerras,
pero que ahora subsisten
vibrando en estaciones diferentes,
agónicos testigos
de una generación innovadora.

Leo, veo y escucho
desde el tiempo presente,
las obras publicadas
desde primera línea de la modernidad
de otro presente.
Desolación, ausencia, inspiración
y el vago testimonio
de que nada caduca en lo esencial.

Simplemente, la historia de otras vidas
que quisieron vivir
como si hubiera que cambiarlo todo.
Una forma exclusiva
(y, acaso, siempre vana)

de pretender lograr sobrevivir
buscando algún lugar
en otro mundo.

SOMBRAS EN EL JARDÍN

Mientras los días pasan desganados
en medio de la euforia que se apaga,
voy caminando a ciegas
entre los matorrales y las flores
de un rincón encantado
por el agua de un cielo repentino.
La lluvia no da tregua,
me moja y me despierta,
y un manto de horas grises
se esparce en los enigmas
del húmedo paisaje
que rodea la casa y sus senderos.
Jardín recuperado de su antigua quietud,
nada es como se ve, todo es cambiante;
biografías extintas
que habitan en el aire
quieren que inicie un diálogo con ellas,
a pesar de que soy desconocido.

Me siento intruso aquí,
como un espía
que observa en el silencio
los espacios ajenos,
buscando camuflarse entre los árboles;
y, al mismo tiempo,
advierto que hubo vida
más allá de la vida
que conversa y existe,
como en sueños o en éxtasis dispersos.
La presión por la hora
que ha de llegar a en punto
cuando llegue,
me incita a equivocarme y a olvidar,

me incomoda en las pérdidas
que surgen repentinas
y me mira a los ojos
con desdén impaciente.

Estoy, pero no estoy,
apurando la incierta sensación
de vivir entre sombras,
que son, pero no son,
mientras toman mi mano
para hacerme saber
que están aún conmigo
y me recuerdan.

SUZE

Recuerdo su color amarillento,
su elevado cilindro de cristal, sin concesiones,
enfrascado en la estética
de la normalidad de una botella.

Recuerdo su sabor, su toque amargo,
y aun así me gustaba,
eso sí, siempre frío.
O quizás no era eso,
quizás era el momento, los convites,
las horas que bailaban
al son de aperitivos y de amigos.

Siempre quise volver a paladear
el amargo licor de aquellos días
y era tan peculiar que confiaba
que su sabor me hiciera
rememorar el ritmo
de aquella juventud inesperada,
lejos de lo habitual y sus rutinas.

Tras haberlo ignorado en los estantes
de martinis, oportos y ricards,
-por dejarlo dormir en los recuerdos-,
años después, lo tuve entre mis manos
y lo puse a enfriar en la nevera.
Una copa, sin más, ¿qué te parece?
No está mal, es distinto.

Y fue como probar por vez primera
la sensación de un elixir de antaño,
la prueba de que un cierto anacronismo
nos hace comprender, sin vuelta atrás,

que todo se transforma
con el tiempo y que, a pesar
de degustar lo mismo,
ya nada vuelve a ser como esperamos.

ORNEX

Por la noche, en invierno,
sabía que la nieve se haría
con todos los rincones,
oculta entre las sombras del silencio.
La escuchaba caer como un murmullo,
veía su blancura detrás de los cristales
(abrigado al calor de un fuego bajo)
y disfrutaba verla brillar
entre lo oscuro.
La noche, de repente, perdía su negrura
e invitaba a salir a caminar
hundiendo las pisadas
en una capa blanca y casi virgen.
Los tejados, los árboles, las calles
parecían un escenario nuevo
de un mundo inmaculado.

Sin embargo, más allá de la estética
de una postal de enero o de febrero,
me preocupaba el alba al enfriarse,
que el agua congelada
se aferrara a lugares conquistados
y ahogara con presión al nuevo día.
Que una vez desatadas
las lágrimas de hielo
colgando del tejado, se lanzaran
suicidas, hacia el suelo,
cubriéndolo de un manto
de frío deslizante,
ese manto traidor que da sorpresas
a aquel que se confía.
Caídas y resbalones eran
algo frecuente que rompía equilibrios

a la monotonía fronteriza
del gélido paisaje.

Más de una vez lo pude constatar.
Toda belleza tiene
sus otras perspectivas.

DETALLES

Ne laisse pas mourir nos rêves
De temps en temps rappelle-toi
Joséphine Baker

Hay detalles que no quiso olvidar,
melodías de amor, intrascendentes
que, en algunos momentos,
fueron trascendentales al oyente.
Las palabras y gestos
que creyó recordar de vez en cuando,
una carta, un abrazo o un adiós,
y lo que siempre quiso mantener,
una mano, un amigo, una canción.
Y también los detalles que ampliaron
los nuevos horizontes:
subirse al escenario,
Broadway, Folies Bergères,
el baile, el leopardo,
un castillo en Dordoña,
una tribu de niños llamada el "arco iris",
la implicación con riesgo
en una ocupación de desalmados
y aquella larga marcha contra supremacistas.

"Yo tengo dos amores,
París y mi país", cantó como estribillo
cuando ella comprendió
que las patrias no tienen
lugar de nacimiento.
Y muchas otras cosas
que no se relacionan en una biografía.

Me percaté una tarde,
en la campiña, después de recorrer
los espacios que duermen
detrás de las cortinas,
evocando detalles en las fotografías
de una vida.
Larga reminiscencia de momentos
que no saben qué hacer
con tantos sueños.
Acaso recordar, de vez en cuando,
que no deben morir.

NOCHE EN LA CIUDAD

Sin apenas advertirlo,
está cambiando la noche...
                Julián Borao Cascán

Como si fuera un sueño,
me quedo contemplando las luces
sobre el puente,
las estelas que cruzan con colores
la avenida y sus prisas por llegar al destino,
la torre iluminada junto al río
que dicen que enamora.
Y ese faro que guía
hacia la nada
oculta en los rincones,
distante en las ventanas,
abierta entre las calles y las plazas
que esconden su dibujo.

Una balada suena desde el piano
que se acerca a adornar
la frágil melodía de la luna menguante.
No hay casi nadie ya,
nadie puede observar mi perspectiva
ni el instante exclusivo
de esta noche que avanza
sin posibilidad de detenerse.
Tal vez, desde otro lado,
otros ojos verán
ciertas versiones de los mismos rincones,
pero sin ser realmente los mismos,
pues la belleza siempre es subjetiva
y aunque su mismo nombre la defina

no es la misma,
su sueño no es el mismo,
su estampa se disuelve en los matices
que cada espectador ve sin ser visto.
(También, en mi silencio,
formo parte del sueño
del paisaje que observan).

Quizás estén pensando, como yo,
en este anochecer,
en esta paz nocturna,
en esta levedad de la mirada
que se vuelve sorpresa
al contemplar la vida
como si fuera nueva, casi sueño,
cuando llega la noche en la ciudad.

DE VIENA A BRATISLAVA

Escaleras arriba, hacia el andén
que no nos permitió cumplir las previsiones
y nos hizo esperar una hora más.
Restaurantes, colores, transeúntes
en listas de pasillos caminando los pasos
de la espera. Y una comida rápida
pegados a las horas dilatadas.

Luego el deber cumplido
de haber visto la vida en la ciudad
por una última vez. Sus calles imperiales,
sus noches, sus mañanas,
sus palacios, sus cantos
y ese vals decorado de recuerdos
de una postal de Viena junto al agua.
Luego el tiempo a través de las ventanas
que viajaban al ritmo
del espejo cambiante de la tarde.
Luego, cómplice, el mundo
que nos daba la mano
y unía nuestro amor de pasajeros.

Y después, otra tierra, semejante,
tal vez, o diferente,
mas sintiendo sus cielos y sus campos
corriendo a nuestro lado
en el vagón, sentados
junto a lo cotidiano de otra gente.
Conversaciones, gestos
y siluetas de días habituales
para dos forasteros
que observaban las cosas
que otros ojos miraban por mirar.

Y al final, Bratislava,
otras calles y plazas, dos cervezas,
apurando los límites
de aquello que esperábamos vivir,
como un regalo
que el camino nos dio
cuando lo hallamos.
Y dormir, descansar en el sueño
de un destino;
porque siempre querremos
regresar hasta el punto de partida
que nos hizo llegar a aquel lugar
o a cualquier otro,
para hacernos creer en ese sueño
de ser parte del viaje y de perderse
esperando que nunca se termine.

LA MIRADA CASUAL

Cruzar por esas calles
que están al otro lado de la vida.
                              Jaime Siles

Pasear por aquí siempre es enigma
de días laborables y banales.
A estas horas no hay niños
(estarán en la escuela
que intenta convencerlos
de su medianidad intelectual
y su escaparatista libertad),
el ruido se reduce
a esporádicas voces chabacanas
y a ladridos aislados
de los perros mimados del entorno.

Este pequeño parque ciudadano,
encuadrado entre inmuebles,
se decora con césped, bancos y arboleda,
se repite en los rasgos habituales
de los días de sol de los ancianos,
los días luminosos que hacen que todo brille
de una forma más bella y aparente,
a pesar del declive circundante
de aquellos que han vivido y sobreviven
con las pequeñas cosas
que un día más regala.
Muchos de ellos sonríen,
saludan a quien pasa
o, incluso, se detienen
para hablar de detalles
de la felicidad intrascendente

que concede la prórroga del tiempo
que les queda por vivir.

Camino entre costumbres
que no son mi costumbre,
mientras apuro el paso
para llegar al metro,
y observo el decorado
del mundo y sus rutinas.
Ser un desconocido tiene
ciertas ventajas, a menudo,
poseer la mirada del asombro
de quien no está implicado
en lo que ve, sólo un espectador
que nadie reconoce.

Sin embargo, es posible
que yo también sea observado
por un espectador desconocido
mirando el otro lado de su vida.
En su mirada vivo, lo mismo
que otros viven en la mía,
mientras paso de largo
de manera casual, un día más.

LA GRUTA SIMBÓLICA

Hay en el libro de mi historia una
hoja que tiene resplandor de estrella
                        Francisco Restrepo Gómez

Con el toque de queda en la ciudad,
una patrulla, un alto inesperado
y un grupo alicorado de poetas
en la noche dispersa
que improvisó el amparo
de Espinosa Guzmán, su fiel amigo.
Fue vigilia y fue risa,
fue velada en pretextos
de refugio privado de bohemia.

Bocas que se embriagaron,
gritándole al sereno
que vigilaba sombras y alegrías,
ebrias de innovaciones y descaro.
Palabras espontáneas
que ocuparon la tenue luz de luna
e hicieron del poema una comedia.
Momentos de licores y canciones
en la Gruta Simbólica y burlesca
de las noches de farra en la ciudad.
Epílogos de sueños en cantinas,
restaurantes y bares
de nombres sugerentes,
como Botella de oro, Rosa blanca,
Cuna de oro y esa Gata golosa,
el orgulloso olimpo de una estética nueva
de tertulias abiertas a la improvisación.

Reuniones de alcohol y de bambucos,
de variados gracejos y chispazos;
digamos, Julio Flórez,
acaso, Jorge Pombo;
y hasta Clímaco Soto,
en un rincón vibrante de sus vidas
huyendo de la norma imperativa.

Ojos que dibujaron las estrellas
saltando entre las hojas del papel.
Voces que declamaron
más allá de las letras y sus formas.
Disparates y juegos de palabras,
repentismo e ingenio
disidente y atento a la mirada
de un comienzo de siglo trascendente.

Después de tantos años que dejaron
prologar otro mundo
de poemas, de fiesta, de palabras,
anhelando visiones
en veladas de antaño en Bogotá,
¿dónde estáis, compañeros,
hoy que el mágico instante
nos acerca a la vida
de quienes contemplasteis su espejismo?

EL VIEJO CRUCIFIJO

Cuando cambias la forma en que ves las cosas,
las cosas que ves, cambian.
Max Planck

Siempre estuvo en el cuarto de mis padres,
colgado en la pared sobre la cama.
Recuerdo que, de niño,
me causaba temor ver ese icono
de un hombre en sufrimiento
de forma permanente,
ver sus manos y pies clavados
al madero, la sangre que fluía…,
y evitaba mirarlo fijamente.
Después, me acostumbré,
perdí mi miedo
y lo pude observar sin desazón,
como un objeto más,
siendo parte de enseres
y muebles cotidianos.
Luego, supe quién era,
sentí su trascendencia.
Ya entonces lo miraba
de forma diferente.

Cuando se fue mi padre,
nunca dejó de estar
encima de la cama de mi madre
y, al final, cuando hube de ordenar
todas las cosas que se quedaron solas,
no pude deshacerme del viejo crucifijo.
Lo recogí con mimo y lo miré de nuevo,
esta vez, fijamente y con nostalgia.

Sentí complicidad y compañía.
Ahora estás conmigo, le dije
en el vacío de la ausencia
que habita en la orfandad.

No sé si cobró vida
más allá del dolor de su agonía,
pero creí notar que me insinuaba
que me reconocía
y que, si lo miraba fijamente,
podría comprender que,
en su mirada,
mis padres existían todavía.

DE DÓNDE

De una tierra escondida,
de un lugar fronterizo,
de una isla, archipiélago o península,
de la estepa, del bosque o de las nieves,
de un territorio adverso o favorable,
de las montañas o de la llanura,
de la costa o del valle,
de un continente o de otro,
en fin, de algún lugar.

De una mujer llorando junto a un río,
de un hombre confundido ante la noche,
de un romano, un ibero o de algún celta,
de un pueblo conquistado o sometido,
de su conquistador, de su enemigo,
de un esclavo, de un noble o un campesino,
de un soldado, un marino o de un burgués,
de una mujer violada, del violador lascivo,
de un hombre asesinado o su asesino,
de un inventor, filósofo o artista,
tal vez de todos ellos o ninguno,
tal vez sólo de algunos
o de quien no he sabido que existiera.

De quien no lo he pensado,
de quien no se conserva
ni recuerdo ni nombre.
De donde nunca estuve
o, acaso, de donde, forastero,
estuve un día.

Dibujaré un enigma en mi epitafio.

MI PUEBLO

Siempre regreso aquí.
Ya sea en día par o en día impar,
reconozco el envite
que se esconde en sus cartas
no jugadas aún, el farol del experto
que hace de la ignorancia su ventaja,
escondido en portales y ventanas espías.

Vuelvo siempre al cambiante
discurrir de lugares
disfrazados del tiempo
donde, una vez, vivirlo fue habitual;
al lugar amistoso
donde pude crecer sin cuestionarlo.
Y algo debió de ir bien
para que se mantengan
los múltiples pretextos
que me hacen regresar.

Una esquina, un detalle,
tal vez, la perspectiva
de un mundo personal
que ya no está,
pero que se despierta
cuando miro sus rastros
desde el anonimato del ahora
y cuando, en todas partes,
se muestran las escenas
de lo que pudo ser
cuando permanecía entre sus calles.

Hoy, he vuelto de nuevo,
y, sin embargo, siento más soledad

de la que nunca tuve en sus rincones,
gente desconocida me rodea,
han desaparecido muchas cosas
y han surgido otras nuevas
en las que no me encuentro;
mi casa no es mi casa,
mas, a pesar de todo,
hay algo que me empuja a regresar.

EN LA CARRETERA

Los gigantes saludan,
agitando sus brazos con el viento,
y mis manos se aferran al volante.
Delante, el parabrisas,
y la tarde que cae,
como un dibujo gris
entre las nubes.
Un paisaje plomizo
se abate sobre el verde repentino
que llega en primavera.

Hoy es veinte de marzo,
viajo por la autopista hacia el sudeste.
Adelanto camiones.
Los que vienen de frente,
por el otro carril,
¿a dónde viajan?
Los árboles se duermen
en la espesa ladera
de un puente sobre el río.
Los postes ni se mueven,
sólo observan
cómo vamos pasando los viajeros,
y la música mece la fatiga
mientras miro despacio
hacia el cristal
que vislumbra otro pueblo
perdido en las distancias.

Y aún tengo que llegar
a mi destino.

III.
Poemas de Pennsylvania

A Alba y a John

NEWARK

Desde el avión, el océano existe
mucho más que en los mapas,
es más inmenso e implica soledad.
Desde el avión, las horas son de plomo
de un continente a otro, pero
queda el consuelo de llegar
y abrazar con calor a quien aguarda,
a quien se ha de encontrar, pisando tierra.

Desde el avión, las rutas, los paisajes,
las costas canadienses, Halifax,
Nueva Escocia y otra porción de océano
que anuncia la visión de una frontera.
Desde el avión, antes de aterrizar,
la estampa de New York en lejanía
y la luz de los días con las horas cambiadas
que me dicen: despierta.

Luego, Newark, las colas,
un policía amable que me habla en español
y un olor a distancia
que me pone las cosas en su sitio.
Y, llegado el momento, las miradas lejanas,
la puerta de salida,
los gestos, las sonrisas,
el abrazo esperado que me dice:
ya está, por fin nos encontramos
a este lado del mundo.
Y la grata certeza
de estar con quien soñaba.

INTERCONTINENTAL

Tres años ya
buscando tu aventura,
desde aquella mañana de marzo en la estación
en la que apenas pude
despedirme del tren en el andén.

Todo es tan subjetivo
que, acaso, sólo yo sienta este tiempo
como larga distancia de una espera.

Todo es tan relativo…,
mi nostalgia, tu ausencia, mi memoria,
la alegría, la luz, la oscuridad…
Todo es tan momentáneo
como este sol de abril frente a la casa,
mientras miro las ramas
que se mueven despacio
y una ardilla veloz corre en el prado
sin saber que he llegado a su paisaje.

Finalmente, he viajado entre dos tierras
en un vuelo oceánico directo,
-de Madrid a New York-,
sin importar los años ni el retraso,
para encontrarte aquí,
todo es distinto,
obviando la emoción de despedidas
que no tendrán cabida en el olvido.

PENNSYLVANIA (PAISAJE)

En mis entrañas hay una noche
que la noche no es capaz de contener
Alí Áhmed Saíd Ésber

No me encuentro en el rastro del poema
ni en la mota de polvo
que se posa en la alfombra.
No me acerco siquiera a las historias
que cuentan el silencio en las paredes
ni a la disposición leve de los suelos
que duermen la memoria del tiempo.

Tras la ventana, el mundo se adormece
en otras horas, más allá del entorno
que se mueve despacio,
y me cuesta encontrar su duermevela.
Ruidos intermitentes suenan a lo lejos
para que no se adueñe del instante
esta emoción hipnótica y lastrada
que se aferra, sonámbula, a la vida.

Cae la tarde en el viento,
se abre el cielo, confuso, en primavera
y se acerca la noche en Pennsylvania.

JUNTO A ALLENTOWN ROAD

El unicornio agita sus patas delanteras,
desperdigando flores y matojos
de la caja tendida entre los mimbres.
Dos mecedoras duermen la esperanza
de que alguien las conmueva,
mientras guardan los flancos
de la pequeña mesa del salón
que se ensueña a su lado
(una de ellas se siente acariciada
por la planta que se alza verdeando).

Se han abierto dibujos de las flores
sobre el suelo alfombrado de la sala
y el sol brilla en mañanas de cristal
que reiteran su canto en las ventanas.

Todo está, todo existe,
parte del todo calla,
parte del todo canta,
se abre paso la vida
que aparece con ritos diferentes
bajo un cielo, espejismo de lo azul,
cuando el mundo despierta
junto a la carretera de Allentown
mientras todo se cree
su exigua realidad.

LOST RIVER CAVERNS

Fuimos hasta las cuevas a mediados de abril,
después de mi llegada,
recorriendo el asfalto en medio de praderas
y de bosques teñidos
del verdor apagado
por el fresco rubor de un mediodía.
Las casas de madera mostraban
sus colores en los claros,
junto a curvas y rectas
que acababan buscándose
tras cada encrucijada.
Yo miraba expectante todo lo que podía,
absorto al panorama de una tierra lejana.

En Pennsylvania, la primavera cambia a todas horas,
hay mañanas azules, tardes grises
sumidas en la luz de una melancolía natural.

Luego, las galerías, caminando
entre espacios retenidos por sombras
de millones de siglos que se esconden
en medio de las rocas que viven bajo tierra.

Casi no comprendí, sólo deduje
ese otro mundo ausente a las palabras,
el húmedo lugar de lo escondido
que nos convierte a todos en intrusos
de un eco subterráneo y permanente
que existe como el agua en las paredes
de ese río perdido en las cavernas.

Me queda en la memoria su momento,
la salida a la luz,

la grata sensación de un sitio oscuro
que vivió en las sonrisas
de nuestra compañía.
Y yo, creyendo el sueño
de un día más contigo.

NATURALEZA MUERTA

El sol brilla en las líneas que se cruzan,
geometría obsesiva del capricho,
más allá de las doce
de un día paralelo a la nostalgia.
Parece que no hay nadie,
la casa está cerrada en un misterio ajado
que ha pasado de estética y costumbres,
y no sé qué es lo que hago
parado ante el umbral
como una estatua anónima
que se asombra impasible
ante la imagen
de la naturaleza muerta y sus contrastes.

El silencio se impone
sobre el azul celeste
en muros y tejados
de un hogar dilatado por el tiempo.
El sendero se esconde del bullicio
que comparten ausentes y presentes
y busco restaurar las emociones
que siguieron a múltiples partidas
(es mejor no olvidarlas,
mas dejar que se alejen
como ese avión que surca
las rectas de la luz y su mañana).

Para que el mundo vibre
en la ecuación que esconden las incógnitas
que me evocan lo efímero,
me alejo de vestigios
e intento distraerme entre los vivos.
Quiero que todo pase, todo siga,
y me sea difícil olvidarme de ti.

LÁMPARAS ENCENDIDAS

Las lámparas no quieren
que apaguen sus bombillas.
Viven desperdigadas en estancias
y quedan encendidas
para calmar el sueño o la vigilia
de quien mora la casa o la visita.

Las hay de todo tipo:
de pared, techo o mesa,
también las hay de pie,
con esa dignidad que les otorga
la verticalidad en superficie.
La luz diurna de días luminosos
las hace abandonarse al decorado
y no encenderse,
ser un objeto más
sin pretensiones de hacerse destacar.
La escasa claridad de días grises
les da casi un papel imprescindible
y algunas cobran vida
en la naturaleza muerta de las cosas que están
sin llamar demasiado la atención.

Mas al llegar la noche, cada noche,
las lámparas adquieren
todo el protagonismo
que han anhelado siempre.
Se encienden en la sombra,
dando vida a los ojos que no ven,
e iluminan, de pronto, los espacios cerrados
por los que nadie puede
caminar más que a tientas
(si no fuera por ellas).

Entonces,
son conscientes de todo su valor,
alimentan lo oscuro en su ceguera
mirando a todas partes,
gozando del instante de la luz inventada
y, ufanas, en su orgullo,
no quieren apagarse,
quieren seguir despiertas
para espantar los miedos
y descubrir los ruidos inquietantes,
que son tan sólo ruidos carentes de importancia.
No quieren apagarse
y agradecen el gesto
de quien no hace ese gesto de apagarlas
antes de irse a dormir.

Y cuando eso sucede,
habitan soledades deseadas,
se vuelven poesía
y un éxtasis perfecto las posee
mientras observan todo
lo que queda parado ante su brillo
pensando que, tal vez,
es su mundo nocturno el ideal,
sin la inquieta presencia
de aquellos que se duermen
sin conocer la paz de sus guardianes.

LADY IN SATIN

Here is a strange and bitter crop
Billie Holiday

Con frecuencia pensó en recomponerse,
pero siempre rompía sus costumbres
con la hipnosis total de las canciones,
cuando todo giraba alrededor
de un éxtasis envuelto en melodías.
John Hammond lo captó
cuando la oyó en Monette's aquella noche.
Por favor, qué pasión puede encender
las luces y apagarlas, alternativamente,
y dejar que otros ojos
se queden en silencio sin notarlo.

Tal vez, sin que la vieran,
muchas veces dudó
en la incertidumbre de tanta encrucijada.
Siempre que se ahogaba lo entendía,
se embriagaba en un mundo artificial
que la iba desarmando, poco a poco;
las lágrimas llegaban sin aviso,
aunque sólo duraran un tiempo limitado,
justo antes de subirse al escenario.
El mismo Lester Young, imprescindible,
nunca pudo escapar de aquella magia
que voz y saxofón dramatizaban.
Y aunque creyó marcado su destino,
Lady Day dejó huella
sobre todo ese peso de una vida
que no alcanzó totalmente a encauzar.

(Los árboles sureños cargan flores extrañas,
huelen a intolerancia y a amargura,

86

suenan con una cruel melancolía,
sin aire suficiente para la libertad).

Se fue, casi sin fuerzas,
pues todo pasa y muere sin remedio,
porque, acaso, es mejor
vivir entre la música,
morir cuando hay aplausos,
dejar que el micro espere entre las luces
y quedarse en el ritmo
de una última canción.

IN MEMORIAM

Sitting Bull ha muerto, los tambores
lo gritan sin esperar respuesta.
Leopoldo M. Panero

Esto estuvo habitado
por alguien como yo,
que miraba la luna
buscando iluminar entre las nubes
más allá de las ramas de los árboles.
Oigo el canto del agua,
siento el fresco sabor de fronda anochecida
mientras la hierba calla
recordando…

Esto estuvo habitado
por alguien que no existe cuando yo
y ha ocupado el espacio su asesino,
que domina sin más remordimiento.
Imagino que tuvo que sentir, como yo,
la tranquila tiniebla del paisaje nocturno
cuando la luna llena orillaba las nubes
brillando en la penumbra.

Ese es su único rastro,
una intuición,
la sombra de sus pasos que pasaron
pisando estos parajes,
su nativa presencia, sigilosa y prudente,
que ocupan otras voces, otras razas.

Diría que su espíritu
deambula, sin rumbo, en los caminos,
en los viejos senderos

ocultos en los bosques que no lo acogen ya,
en el recuerdo de alguien como yo,
que mira con sus ojos resignados
a la tierra vacía
que cubre, sin piedad,
sin lugar para el llanto,
la sentencia final de su extinción.

PHILADELPHIA

Como el azul intenso
de unas calles que nunca recorrí,
me instalo en el color del visitante
que disfraza su incógnito
mezclado entre la gente
que camina en rutinas habituales.

Columnas y escaleras,
la primera mirada familiar
de otro tiempo que amaba el celuloide
y una insólita efigie de Stallone
frente a la que hacen cola los turistas.

Pero después, el héroe se hace ecuestre,
lo rodea la fauna de una tierra pretérita
que no dignificó a sus poblaciones.
El general me observa de reojo y altivo.
Yo me siento debajo,
sonriente ante el móvil, como aceptando,
acaso, que nada va con él
del diseño esculpido en su conjunto.
Y entonces dice: mira, levantando la mano.
La avenida es inmensa y, en su fondo,
altas arquitecturas
destacan por las copas de los árboles.

Esta ciudad existe más allá del océano,
sus iconos y símbolos son firmes en su orgullo
(el Independence Hall y otros lugares)
sin un remordimiento ni conciencia,
(el lógico pretexto de anglicano).
Lo comprendí por fin una mañana

con quien me acompañaba,
absorto en lo feliz de la primera vez
que estuve en ella.

THE BORDER

Entre Lambertville y New Hope
hay un puente de metal
que limita dos estados,
New Jersey y Pennsylvania,
sobre el río Delaware.

Algunas barcas de pesca
se entretienen en el agua;
una de ellas lleva truchas
agonizando a ambos lados,
sobreviviendo a su fin por unas horas.

Va avanzando la corriente hacia el océano,
mas se arremolina, a veces,
como si algo desde el fondo
la atrajera a lo profundo.

Camino entre dos lugares,
calles, casas de madera
de curioso anacronismo,
restaurantes y comercios.
Sobre todo, en Lambertville,
hay un ambiente apacible
bajo el sol del mediodía.

Me siento en un banco en sombra,
mientras compran Alba y John,
y observo pasar a extraños
que nunca volveré a ver.
Fumo un cigarrillo a solas
y apuro breves momentos
de una pausa entre dos vidas
que son parte de la mía.

Todo fluye como el agua,
todo pasa en la corriente de los días
que oprimen los corazones con su ausencia.

LA CASA Y SUS RUMORES

Esta es la forma en que acaba el mundo,
no con un estallido, sino con un murmullo.
T. S. Eliot

Se escuchan los sonidos de motores que pasan
de manera casual, ni los conozco.
Se escuchan los sonidos de pájaros que cantan
de forma improvisada,
este es su territorio, detrás de las ventanas,
volando entre los árboles de un bosque pasajero.
Se escucha cómo el agua
se vierte en el estanque, junto a las escaleras
de la casa dormida.
Las estrellas se agrupan
de forma diferente a lo habitual,
es otro cielo.

La habitación se inclina disimuladamente,
mecida por el tiempo centenario
que habita. Su historia se solapa en la indolencia
que, en calma, me adormece sabiendo
que estoy en otro mundo.
Y el edredón me cubre y me protege
mostrándome el cobijo
que me presta estar cerca
de quien siento tan próximo a mis días.

El instante se apaga con la noche
que flota entre rumores nuevos.
Siempre han estado aquí,
pero quiero pensar que me sorprenden,
porque yo también soy
como un rumor nocturno
entre sus sombras.

DOMINGO

Es domingo.
Los pájaros orquestan la mañana
que despachó a las lluvias de la noche.
Los restos de humedad
se sienten solos, agonizan
al sol del mediodía
y entregan en el aire
sus últimos suspiros.
De vez en cuando suenan
golpes repetitivos,
diríase un vehículo
cuyo tubo de escape se desfoga,
pero esta tierra es otra
y son, sin más, disparos de escopeta
que un amable vecino
practica en su terreno colindante,
son las cosas de aquí.

El nuevo invernadero, diseñado por John,
casi está terminado; yo lo ayudo
mientras la primavera se expande
poco a poco en el entorno.
Hoy hace más calor,
y se agradece.

Mañana volaré hacia el viejo mundo,
dejando algún señuelo muy discreto,
quizás algún poema que se esconda
en la casa o sus afueras,
simplemente, una huella fugitiva
que recuerde mi paso
a quien me encuentre,

distraído entre las cosas
que una vez fui a buscar
al nuevo mundo.

LA ESPERA

Tú, que no recuerdas
el paso de otro mundo
Louise Glück

El viaje de regreso se presenta inminente.
Las idas y venidas se muestran previsibles
y un aroma a evocar quiere atraparme.
Sólo unas horas más, que se aproximan,
y esta temperatura que, subiendo,
acelera el momento de partir.

Todo a mi alrededor huele a nostalgia,
como si ya me hubieran dicho adiós,
pero Alba permanece en la terraza,
pensando bajo el sol primaveral,
(una entre otras estampas
que habré de recordar cuando no esté).

La carretera espera a recorrerla
junto con largas horas de tránsito y aduanas.
Luego, quedar dormido en el océano
pensando, una vez más, hasta creerlo,
que aún existe un lugar
para poder soñar entre dos mundos.

EL REGRESO

Ahora estoy conmovido, evocando
las horas que han existido lejos,
muy lejos de aquí, pero que me aproximan
a la estancia y su ser de algunos días.

Hemos estado juntos finalmente,
tras tanto imaginar cómo sería,
y hemos vuelto a charlar y compartir
las secuencias de un tiempo en otra parte.

Tal vez pueda llegar otra ocasión
de apaciguar las ansias
de vivir otra vez, como un regalo,
los besos, las sonrisas,
las manos que se ayudan,
las miradas que miran
hacia el mismo lugar, las impresiones,
lo sueños paralelos
de la misma estación sin despedidas.

Pero nada perdura, nada vuelve...
No lograré encontrarme en ningún lado
mientras, aquí o allá,
no aleje al corazón de las tinieblas
de no poder unir lo que me falta.

LA FRECUENCIA DE UN IMPULSO

No eran sólo las ganas de escribir,
era el tic tac que abate los insomnios
y el despertar alerta a las rutinas
que acechan día a día,
dispuestas a existir
sin que puedan pasar inadvertidas.

Era algo más que impulso,
era costumbre, la misma que me advierte
de lo que debo huir
para que no me pierda
entre las cosas, obviándolas, sin más,
porque no cambian.

A menudo ocurría sin aviso,
un fugaz sobresalto,
un mirar aturdido a las paredes
que no reconocía,
para verme, al final,
con la de siempre, con esa compañera
que se cuela en mis sueños
tratando de alentarme a conseguirlos.
Yo sé muy bien quién es,
no me sorprende,
pero en aquellos días me asaltaba,
si cabe, con más imprevisión
de lo normal.

Tal vez fue que yo mismo
no pude resistirme a su llamada
y me dejé llevar con más frecuencia;
algo que ahora agradezco, lo aseguro,
porque me hizo vivir en aquel tiempo,

como si la memoria selectiva
lo hubiera convertido
en una historia,
un poema
que se transforma en cuento,
para hacerse feliz al releerlo.

IV.
Todas las vidas

viajan de lo visible a lo invisible…
Antonio Gamoneda

AUTOBIOGRAFÍA

La vida es como una leyenda: no importa
que sea larga, sino que esté bien narrada.
Séneca

Toda autobiografía es un intento amargo
de revisar la vida y ordenarla
de una manera nueva.
Un poquito de allí y algo de allá,
que no siempre responde a lo que fue;
lo mismo que los sueños recurrentes
se fusionan con otros que se olvidan:
unas llaves perdidas
de una puerta que no se quiere abrir,
un espejo que mezcla los reflejos,
una ventana abierta
que va superponiendo perspectivas...

La trama argumental es relativa
y, a menudo, confunde
palabras y emociones
con los filtros que aportan
los recuerdos parciales de las cosas.
Una casa que cambia de tamaño,
un idioma que se convierte en otro,
un retrato de rasgos diluidos,
unos días que son de otro color
son nada o casi nada
cuando llegan al tiempo
de lo que se relata
con los días contados
de una lista arbitraria de momentos.

Todos esos momentos
que llenarán sus páginas
para que otros conozcan
solamente versiones
del calendario infiel
que la memoria dicta, caprichosa,
cada vez que se escriben;
cuando el tiempo presente
quiere reconocerse en lo que ha sido.

UNA FOTOGRAFÍA

A principios de siglo, recién inaugurado
o casi a punto, uno y otro
posaron en la forma habitual
de los recién casados
como imagen precisa de la idealización
de los momentos únicos.

En la posteridad, quedó ese gesto
de dos seres distintos
unidos por un vínculo amoroso,
precisamente el día
de la celebración.
En la interpretación, quedó la soledad
de los amantes;
a menudo, viviendo entre dos mundos,
ignorantes del plazo
que habrían de vivir acompañados.

Una fotografía en blanco y negro
de hace más de cien años,
la inmóvil instantánea
de un mundo de promesas y colores.

Más allá de la extinta
caducidad del tiempo,
permanecen ahí,
imaginando un sueño sin final,
posando juntos,
acaso, únicamente,
para hacernos saber que han existido.

LO QUE NO SE SABE

Hay montones de cosas que no se sabrán nunca
ni serán anotadas en ninguna memoria;
que un pájaro ha volado cruzando la mañana
y te ha mirado
durante dos segundos, fugazmente;
que ha brotado una lágrima
en lo oscura vigilia de unos ojos anónimos
o que una nube ha roto
el rastro de la luna en la sabana.
Nadie sabe de aquel que,
hace milenios, sentado sobre un tronco
ante su cueva, pensaba
en lo infinito o en lo humano
mientras todos dormían;
o de aquel que murió en la soledad
de una montaña inhóspita en invierno.

Nadie tiene anotado en su recuerdo
los millones de acciones que acontecen
en la inmensa presencia
del ser y el existir,
la materia, su yo, sus sensaciones.
Y aquello que se sabe
se borrará algún día para siempre,
pero, ¿qué nos importa?,
si al final sólo somos
las inútiles gotas que se creen la vida
mientras caen en océanos sin tiempo.

Hoy he estado pensando en muchas cosas:
cómo afrontar el día,
si hice bien o hice mal aquella tarde,
qué tareas me faltan,

a quién debo llamar,
por qué llega la muerte,
con quién, para qué, a dónde…

Y que no sabrás nunca, ¿o tal vez sí?
que escribí este poema,
como otras muchas veces,
mientras pensaba en ti.

UNO ENTRE DIFERENTES

(A mis alumnos)

Siempre me convencían,
recién aparecido el nuevo día,
de que mienten las sábanas
cuando piensas que abrigan
del exterior y el frío,
y un coro de certezas me ayudaba
a creerme más vivo
sintiendo su calor.

Después me dirigían,
haciendo movimiento mi pereza
de todas las mañanas,
aunque, en cambio, pensaran
que era tan sólo yo quien los guiaba.

Cada uno en su rutina personal
y en el común quehacer
que los unía, a pesar de consignas
de que debían ser uno entre iguales.

Lo supe al despedirme.
Cuando el tiempo te cambia de lugar
y comprendes que ya no es para siempre,
se descubre la incógnita perdida,
la amable coincidencia, el intercambio,
la clara sensación de haber sido dichoso
en la inocencia
de un mundo sin disfraces ni imposturas.
Y cuando identificas

la singularidad de ser, sin más,
entre los otros.

Porque por más que intenten igualarnos,
todos somos distintos en la especie,
todos somos un viaje en el que sueña
uno más entre gente diferente.

LOS INFAMES

Los infames, a veces, se acercan hábilmente
a nuestro lado, luciendo una sonrisa
tan amplia como ensayo ante el espejo
y acudiendo al abrazo en desmesura.
Son tan protagonistas,
que ocupan el guion y lo proclaman
haciéndonos saldar todas las deudas
con el profesional ardid de la amistad.
Los que forman su círculo elegido
son sólo figurantes sin papel
que quedan abducidos al escuchar:
hermano, gran amigo,
y aceptan los desdenes
con la docilidad de un perro fiel.

Bien por psicopatía o por complejo,
los infames se crecen con las adulaciones
que algunos les obsequian
y ajustan sus progresos al esquema
habitual de su estrategia.
Raras veces se muestran como son,
en un descuido,
pero sólo en privado y sin testigos,
y convencen a todos los incautos
de la traición de aquel que se rebela,
haciendo ver que hay un malentendido
en la injusta protesta de sus víctimas.
Mas si saben que triunfan,
te injurian sin piedad al ausentarte.

Los infames están por todas partes,
entre amigos, familia y conocidos,
incluso entre colegas.

Sin que nadie lo note,
provocan odio, envidias y disgustos
que incumben a los otros,
nunca a ellos, quedándose el pedazo
más grande del pastel de la discordia.
Son tóxicos y listos,
es complicado desenmascararlos,
hacen que quedes mal si los criticas...,
en fin, sin protocolo, hay que decirlo,
son lo que siempre han sido:
unos hijos de puta peligrosos.

LA MUERTE

La muerte nos desarma,
la muerte nos iguala,
-como dijo Manrique hace centurias-,
porque todo está dicho,
porque puede la muerte
sentir que su victoria
nos hace vulnerables.
Nos imprime el registro
de existir con ausencias
y el código de barras
del último cajero de la compra.
Los lugares de a diario
los convierte en extraños,
allí donde buscamos
el encuentro casual de cada día,
nos invade de pronto
y banaliza
las torpes ilusiones cotidianas.
La muerte hace creer
y hace pensar, a veces,
que la vida es el sueño
que afirmó Calderón.
Durante cierto tiempo,
se nos antoja ajena,
como si fuera un límite
que nunca ha de llegar;
es por eso, a menudo, de los otros,
mas se hace un poco nuestra
cuando duele en el fondo
del amor y el afecto, en fin,
en lo de siempre.

Y al cabo, es permisiva,

pues nos deja llorar sin miramientos,
porque las muertes duelen
y llenan de un vacío inevitable
cada acto rutinario, cada gesto,
volviendo imprescindibles los instantes
que guarda la memoria.
Nacer para morir
y, mientras tanto, amar,
todo lo que tenemos
de cierto entre lo incierto
de la vida.

UNAS HORAS

Quedan sólo unas horas
para empujar el alba hacia poniente
y no puedo hacer nada,
sino quedarme quieto
mirando cómo brillan
las estrellas de octubre.
Quedan sólo unas horas
para que, una vez más,
la luz se haga pedazos más allá
y otras personas sigan contemplando
cómo corren las horas
cuando el otoño llega indiferente
a todos esos cambios
que acechan en otoño
y en otros meridianos.
(Todo se va y se queda,
de una u otra manera,
como siempre sucede,
con el tiempo,
en lugares diferentes).

Quedan sólo unas horas
y, a corto plazo,
apenas se permite
que bailemos con lobos
y escuchemos la música
que late en el silencio
de las noches que duermen sin bombillas.

La espera y el deseo no nos dejan
que cerremos los ojos
y hacer como si nada,
para romper el alba

del poema que quiere
que no pasen las horas
ni sigan ocupando
el frágil equilibrio
de esa paz cotidiana
que solamente intenta
poder amanecer con la esperanza
de que no nos la quiebre
la amargura.

DÓNDE

¿Dónde estarás ahora?
Durmiendo sin saber que pienso en ti,
escondida en la noche
y olvidada en las sombras
de todos los recuerdos
que ya no son recuerdos
sino enigmas de un mundo
que no te pertenece.

¿Dónde estarás ahora
que confundes la vida con los sueños,
que sólo reconoces mi rostro
cuando llego, pero que no conoces
ni mi nombre?

Me conforma tu risa
cuando el sol ilumina las mañanas
y te alegran los niños y los perros
mientras sigo a tu lado
comprendiendo que el tiempo
que nos une
mantendrá su pereza
entre tus ojos
quedándose dormido
de forma natural.

Yo estaré donde siempre,
vigilando la vida que vivimos,
descartando tu olvido
y habitando el rincón de la memoria
que duerme sin saber que estoy sin ti.

¿NO LO SABES?

Last night I had a dream
that the world was changing
Della Reese

Cercana al paraíso,
encontrando la magia parpadeante
de una estrella lejana y diminuta,
comenzó a dibujarla
detrás de la ventana.

Luego, el vidrio quebrado
la acercó a vislumbrar el otro lado
casi al final del tiempo,
acunada en los brazos
de la memoria amable de su madre,
-the only magic it's my love for you-
mientras aquella sangre derramada
decidió detenerse y hacerla regresar.

Los gestos y emociones
de música y palabras
llenaron los espacios
de personas anónimas
que pudieron sentir
la calidez nocturna del éxtasis
de un beso y de un suspiro,
tras decir, ¿no lo sabes?,
mirándose a los ojos
al borde de la mesa;
y haber sido testigos
de esa voz de contralto
tocada por un ángel protector,

sumidos en el ritmo de un instante,
tras las sombras de un mundo idealizado
que se hizo realidad al invocarlo.

Por qué no hacerlo ahora,
hacer que vuelva,
inventarse otro mundo y otra vida,
mientras sigue cantando Della Reese
llenando los rincones con las cosas
que bailan suavemente
brindando permanencia a esos lugares
que se mecen oyendo su compás.

SENTIRSE BIEN

Sentirse bien, sin más,
como una bendición.
Caminar por la calle
sin más inquietud
que las cosas banales
que pasan cada día.

Sentirse bien de forma indefinida,
como risa o canción
entre los hilos,
como vaivén,
como ola,
como espejo.

Sin vanidad,
soñar en la penumbra,
cantar en el silencio,
amar sin disidencia,
vivir sin desconfianza...

Sentir la paz
de ser árbol o puente,
de ser cielo o ser nube,
de ser agua que cae
como la lluvia.

Sentirse así, normal,
sin protocolos,
lo suficiente,
sólo lo suficiente
para sentirse bien.

MENSAJE

From the other part of the sky
John Lennon

Te escribo desde el aire
y un espejo sin fondo
distancia las palabras
en su mundo.
Agónicas
estrellas palpitan en un alba
que despierta, mientras
muere la noche
y se alargan las sombras
que se duermen
más allá del paréntesis
de un sueño.

Te escribo desde el cielo
que no nos pertenece,
mirando a un horizonte
que no puedo alcanzar
desde este lado.
Y escucho cómo canta la mañana
girando en un poema,
volando como nube pasajera
que cuando logro ver,
desaparece.

Dibujo corazones
que lanzo con impulsos
hacia el viento,
esperando que puedan trasladar
mis palabras
desde donde ahora estoy

hasta donde tú estás,
para poder mandarte este mensaje
que dice, simplemente,
que te quiero.

CONFESIÓN

Yo sé que vine a un mundo sin cobijo;
lo recuerdo al mirar a todas partes
cuando pienso tu nombre y no te encuentro,
mientras pliego las alas
al escuchar las risas de quienes
se divierten en la feria del mundo
y sus tinieblas. Yo sé
que no hay rescate
cuando pasan los años
y el tiempo te adelanta por sorpresa,
que no hay forma de amar
sin encontrarte en todas las etapas
que me hicieron saber
que me faltabas.
Sé que no habrá más préstamos
ni plazos para saldar la deuda
de los días perdidos
en los que no abordé mis objetivos,
porque no supe verlos
cuando creí que todo era aún posible.

Por eso ahora te invoco, luciérnaga
en las noches del tiempo
que me queda
para reconocer ese despiste
de no haberte buscado entre las horas.
Y así, miro tus ojos
para perderme en ellos
sin cegarme,
para amarte despacio
en cualquier sitio,
para alargar mi alivio

de un instante
contigo
para siempre.

SERES HUMANOS

Todos, seres humanos,
creyendo que vivimos
por un intenso afán de subsistencia,
marcando algunos pasos del compás
que la música nos presta
primordial en su ritmo
y pensando en mañanas
que amanecen a diario
desde hace mucho tiempo
en el azar fortuito de estaciones
forjadas
por esa inclinación
que sucedió una vez.

Seres humanos todos,
filtrados con espectros de los vagos colores
de todas las especies en su diversidad.
Seres entre los seres
de un mundo entre posibles
circunstancias
lejanas de otros seres,
biológicos y cíclicos,
preguntándose siempre
dónde, cómo y por qué.

Y entre tantas opciones
que nos brinda el aliento;
sobre tantas acciones instintivas,
primarias,
contra toda corriente,
sobre todo,
el amor.

Que pese más que nada,
que nos haga infinitos
traspasando este ahora
por encima de todos
los actos y los gestos,
dejándonos su herencia,
soñándolo en el viento
que sople entre los mundos
que hayamos de existir.

LO QUE TENGO DE TI

(A mi madre)

Quizás alguna vez pueda decirte
que voy a devolverte
lo que tengo de ti.
Lo conservo por eso, porque espero
que un día pueda volver a ti
lleno de vida.
Lo custodio guardado, ocupando
mi espacio, como si descansara
sin tiempo ni memoria
en medio de un paréntesis inédito,
escondido entre armarios y cajones
mientras duerme
en sus sueños de existencia.

Lo que tengo de ti
son todas esas cosas
con las que te recuerdo
desde lo cotidiano de tu ausencia.
Hay veces que las muevo
para que se acomoden y respiren,
y para que no olviden
que sólo están de paso
entre mis cosas.

No me lo dicen nunca,
pero yo sé que piensan
en volver a tu lado
para seguir contigo;
sin embargo, no saben
que ya todo ha cambiado,
que tú misma has urdido
decorados que ya no son los mismos

y que tal vez se queden
solas entre mis días
para siempre.

Aunque yo aún mantenga la esperanza
de que quizás alguna vez pueda decirte
que voy a devolverte
todos esos instantes de tu vida.
Los que tengo de ti
para quererte.

SI VOLVIERAN

Si saliera a pasear con mis amigas muertas,
la luna llena treparía alto como un ramillete de azahares
para coronar sus frentes...

Rita Sumí-Papá

Si mis amigos muertos volvieran a vivir,
todo sería azul serenidad,
amor consolidado por el tiempo
que pasa sin medirse.
Las ausencias que ahogan
podrían aplazarse o disiparse
sin nada que perder en el camino.

Si mis amigos muertos volvieran a vivir,
descansaría el aire de dudas y de olvidos,
jugando entre la risa de lo eterno
que existe en un lugar entre dos mundos
y el sol alumbraría para encender
la luz de cada gesto.

Y si pudiera ser, yo estaría a su lado
contándoles que todo ha sido un sueño,
un cruel malentendido,
una mala pasada en sus memorias.

Todo a su alrededor sería
luz, poema,
canción y melodía de amistad
si pudiera abrazarlos uno a uno,
oi pudiera de nuevo estar con ellos,
si mis amigos muertos volvieran a vivir.

LO QUE NO SE CUENTA

Quedan tantas palabras por decir
y tantas cosas
que cierren el epílogo
de un día que parece terminar,
que nada es suficiente
ni bastante preciso
para especificar sus conclusiones.

Me figuro a menudo
que todo acaba bien,
que he podido explicarlo
con pelos y señales,
(en realidad ni quiero
ni creo conveniente hacerlo así,
salvo en defensa propia, por supuesto)
y, al cabo, soy consciente
de que faltan detalles,
impulsos reprimidos, pensamientos ocultos
que no siempre coinciden con mis actos.

Se ve lo que sucede, nada más,
para que todos crean
sólo lo estrictamente necesario.
Paul Auster lo pensaba
cuando lo explicitó en su trilogía.
Entonces comprendí
que no todo se cuenta,
que los muertos no fueron, cuando vivos,
tal y como nos narran sus memorias.

Para ser más exactos,
eso que nadie sabe ni supo ni sabrá,
la historia paralela

que al no haberse contado
no es parte, ni siquiera,
de las notas al margen de lo escrito.
Simplemente, no existe sin su autor,
pues no tuvo editor
ni fecha
ni lectores
que puedan conocer lo singular
de lo que nunca nadie confesó.

ENTRE PAPELES

Evocar tantas cosas,
despertando personas y lugares
que habitan en los textos
que descansan dormidos.
Reconocer momentos diferentes
que puedo recordar, algo confusos,
dispersos en palabras de poemas.

Mirar una vez más
lo que quedó escondido
en las carpetas, guardadas
en las cajas apiladas del tiempo.
Recuperar las hojas
que envejecen, velando su silencio,
en cuadernos de antaño;
y esperar días nuevos
en espacios virtuales,
en pantallas que brillan.

Y al cabo de los años,
rebasada la edad de las euforias,
saber que hemos vivido su continuo
para llegar aquí, algo más frágiles
de lo que una vez fuimos,
pero, al final, sabiendo
que nada hemos perdido
dejándonos la vida entre papeles.

TODAS LAS VIDAS

He llamado hacia nunca
Alejandra Pizzarnik

Son múltiples las vidas
y parece que todas confluyeran
sin poder asumir lo itinerante
de un tiempo que se aferra
a sus recuerdos.

Quizá es que todas ellas
se reencuentren, un día,
en otros universos
cuya disparidad
solo puede intuirse en el poema.

Pero, si fue posible,
¿dónde quedó la huella de aquel paso
que cambió decisiones en las encrucijadas?,
¿por qué no pudo ser?,
y, ¿por qué estoy aquí
y no en otra parte,
si me siento vivir todas las vidas?

Epílogo

All things must pass away
George Harrison

MEDIADO EL SIGLO XX

Fue una época especial para nacer,
sin olvidar que nunca hay un lugar,
un *"summer place"*, digamos,
donde el sol permanezca
para siempre.
Pongamos San Francisco,
la rebelión de amor, del *flower power*,
que invadió carreteras y ciudades.
O París, su bohemia
y sus 68 primaveras de siglo.
Por extensión, Europa,
casi a punto de comenzar la década
que los cuatro de Liverpool cambiaron.
Incluso hasta New York,
a punto de arte pop y de vanguardias.
Y, ¿por qué no, Madrid?,
pasada la posguerra
y avanzando hacia el cambio
de unos años después.

Pongamos que naciste en Occidente,
mediado el siglo XX,
después de los desastres
que cambiaron la historia,
y que creciste en él,
con su progreso, cambios y revueltas,
con sus ideologías y sus filosofías,
entre capitalismo y comunismo,
con tu herencia cristiana, tu ateísmo
y tu interés por comprender
budismo e hinduismo,
rechazando machismo y apartheid.
Del cincuenta al dos mil,

toda una trayectoria de tu vida
esperando el futuro y la utopía.

Supón que te implicaste,
aunque, a pesar de muchos desalientos,
transcurrieran tus días
en la comodidad del primer mundo.
Un lugar especial para nacer,
crecer, hacerse joven
y llegar a maduro con toda la mochila
de la contracultura,
de la literatura,
de la modernidad,
del feminismo,
del rock and roll, del blues,
la psicodelia,
de la new wave, del punk, de la movida,
es decir, progresismo,
como otro nombre más entre las tribus.
Llegar a los dos mil con lo vivido
y con lo que aún quedaba por vivir,
y descubrir que, en lo fundamental,
no hemos cambiado el mundo
ni se ha hecho realidad lo que soñamos.

¿Qué me dices, entonces, viejo amigo?
Pensar que no hay remedio,
que todo ha sido inútil,
que los tontos y malos
no sólo siguen vivos,
sino que predominan y se han multiplicado.
Pensar que los inventos y el progreso
ya no son el camino de una paz duradera,
que todavía hay guerras, hambre y miedo
y gente que está sola,
que muchos ya ni salen a la calle,
que algunos pervertidos se disfrazan de amigos,

que hay violencia y envidia y corrupción,
que las tiendas de barrio se han hundido
y han sido remplazadas por los hipermercados
y que grandes empresas decoran las ciudades.
Que ya no eres tan libre como un día lo fuiste
porque existe el *Big Brother* de George Orwell.
Pensar que la utopía se ha vuelto distopía
sin que nos demos cuenta,
que todos tus esfuerzos
solamente han servido
para sentirte bien entre tu gente
y para que te aplaudan
cuando sabes que dices lo que quieren oír.

¿Qué me cuentas?
¿Fue un momento especial para nacer?
¿Fue un lugar especial para crecer?
¿O acaso un espejismo?
No te frotes los ojos ni te encojas de hombros,
es lo que hay,
pero, al menos, digamos
que naciste en un siglo singular,
que creciste impulsado por un sueño,
que habitaste un lugar privilegiado.
Y que nadie te quite lo "bailao".

ÍNDICE

Ediciones Vitruvio

Colección Baños del Carmen

Últimos libros publicados:

Las flores del mal, de Charles
Baudelaire

En mi cuaderno de viaje, de
Carmen Maga

Declaración jurada, de Manuel E.
Castillo

Siempre Domingo, de Pascual
García

Escribir Silencio, de José A.
Alfonso

Ciento cincuenta voltios, de David
Alberti

Que nada se olvide, de Álvaro
Fierro Clavero

Ayer es mañana, de José Elgarresta

Y ahora sorpréndeme, José Ramón
Silva

Playa sin mar, de Eduardo Crespo

El mar mientras duerme, de
Santiago Gómez Valverde

Madame Podeva, de Natalia Ruiz-
Poveda

El hombre que alimentaba su alma,
de Sergio Macías

A la tarde, de María Paz Otero

La ingravidez que somos, de
Antonio Ríos

La ilusión del indulto, de David
Minayo

El vigor, de Leonardo David
Segado

Balcones azules, de varios autores

Música Rusa, de William
Jonhsnton

El lenguaje del número, de Juan
Pedro Carrasco

Doce voces, una voz, de Jaume
Mesquida

Memoria del frío, de Ricardo Ruiz

Acceso a la vida, de María José
Pérez Grange

La fama pregonera, de Jesús Mauleón

Equipaje de momentos, de Carlos Guerrero

Habrá poetas, de Mikel Ceniceros

El único umbral, de Diego Doncel

Mil años de poesía (1000-2000), número mil de la colección Baños del Carmen

Autobús nocturno, de Luis Machuca Moreno

Donde nadie dirige la mirada, de Fernando Fiestas

Siempre promete amanecer, de Ignacio Eufemio Caballero

Recuento de ilusiones, de Norberto Garcés

Y la que escucha no es ella, de Silvia López Ripoll

La levedad, de Cristina Liso

La niña que ha sembrado la tierra del poema, de Josela Maturana

Despacio y tiempo, de Angie Expósito

El agua en la mano, de Félix Recio

Parábola entre parabólicas, de Pablo Villa

Centinela del viento, de Daniel López Acuña

Guiñol, de Pedro López Lara

Historias encontradas, de Domingo Luis Hernández

El gozo cumplido, de María José García Mesa

Postales del norte, de Juan Gil Bengoa

Obra poética incompleta, de Yong-Tae Min

La ley del soneto, de Modesto González Lucas

Franqueo en destino, de José Félix Olalla

Otro tipo de abreviatura, de Isabela Basombrio Hoban

Cuando llegues, de Carlos Cortés

Palabras, pájaros y cobijo, de Victoria Muñoz Arenas

Éramos esto, de Pilar Úcar Ventura

Después de la belleza, de Rafael Talavera

Nuevas prosas, de Manuel Lacarta

La última vez que la luna dijo tu nombre, de Laura Vera Becerra

Estrellas que no vi, de Leonardo David Segado

Monodias, de Luis Rodríguez Cao